DIE BUCKET LIST ZUR HOCHZEIT

150 DINGE, DIE IHR GEMEINSAM ERLEBT HABEN MÜSST

DIESES BUCH GEHÖRT ALLEN VERLIEBTEN, PAAREN, (FRISCH-)VERHEIRATETEN, DIE DAS LEBEN UND IHRE LIEBE IN VOLLEN ZÜGEN GENIESSEN WOLLEN. ES IST RANDVOLL MIT IDEEN, HERAUSFORDERUNGEN UND SPASS FÜR ZWEI – ES IST RANDVOLL MIT LEBEN!

DENN UM DAS PRALLE PAAR-LEBEN GEHT ES AUF JEDER SEITE UND BEI JEDEM EINZELNEN PUNKT. DIE BUCKET LIST IST ANREGUNG UND INSPIRATION FÜR GANZ BESONDERE ERLEBNISSE, NEUE ERFAHRUNGEN UND KLEINE MUTPROBEN ZU ZWEIT. SIE FORDERT EUCH EIN WENIG HERAUS, INDEM SIE FRAGEN STELLT UND PLATZ BIETET FÜR ANTWORTEN, ERINNERUNGEN UND KREATIVE IDEEN.

ES GIBT KEINE REGELN, WIE IHR DIESES BUCH BENUTZT. MANCHE ARBEITEN LIEBER SEITE FÜR SEITE AB, ANDERE BLÄTTERN, SCHMÖKERN, LESEN SICH GEGENSEITIG VOR. SICHER WERDET IHR AN SO MANCHER STELLE IN ERINNERUNGEN SCHWELGEN, UND ES WIRD VIEL ZU ERZÄHLEN UND LACHEN GEBEN.

IHR WERDET MIT FREUDE FESTSTELLEN, WIE GUT IHR EUCH KENNT. GLEICHZEITIG WERDET IHR SEHEN, DASS ES IMMER NOCH NEUE SEITEN ANEINANDER ZU ENTDECKEN GIBT. ALSO: ÖFFNET EINANDER EURE HERZEN, TANZT ZUSAMMEN IM REGEN, FEIERT EURE LIEBE. JEDEN TAG NEU!

SEID IHR BEREIT? DANN NICHTS WIE LOS!

DAS SIND WIR:

.... & ....

SEIT .... EIN PAAR

SEIT .... VERHEIRATET

WIR HABEN UNS KENNENGELERNT IN .... UND WAREN

- [ ] AUF DEN ERSTEN BLICK
- [ ] AM GLEICHEN TAG
- [ ] ZIEMLICH BALD
- [ ] ....

VERLIEBT.

SO SEHEN WIR AUS, WENN WIR BESONDERS GLÜCKLICH SIND:

ZUSAMMEN SIND WIR BESONDERS GUT IN:

....

1.

☐ FEIERT, DASS IHR EINANDER GEFUNDEN HABT! AM BESTEN IN JEDEM MOMENT.

2.

- [ ] DER SONNE ZUSEHEN, WIE SIE BEI CAPRI IM MEER VERSINKT. DAZU GIBT ES EIS AM STIEL.

3.

☐ ÜBER DEN WOLKEN FLIEGEN.

- ☐ GANZ REAL
- ☐ IM SEGELFLUGZEUG
- ☐ MIT DEM DRACHEN
- ☐ MIT EINER RAKETE

4.

☐ ARM IN ARM EIN FEUERWERK SEHEN.

☐ EINEN TAG IM BETT VERBRINGEN.

WER STÖRT SICH AN DEN KRÜMELN?

8.

☐ EINEN PLAN MACHEN, WER WANN MIT PUTZEN DRAN IST.

DANN GIBT'S KEINEN STREIT!

WER	MONTAG	DIENSTAG	MITTWOCH	DONNERSTAG	FREITAG
ICH					
DU					

9.

☐ ERLEBEN, DASS MARMOR, STEIN UND EISEN BRICHT, ABER UNSERE LIEBE NICHT.

10.

☐ SICH MIT EINER LIMOUSINE ABHOLEN LASSEN ZU EINER FAHRT INS BLAUE.

ODER GRÜNE.

11.

☐ FAIR ZUEINANDER SEIN:

- ☐ IM STREIT
- ☐ BEIM TEILEN EINER PIZZA
- ☐ ....

12.

☐ EINEN VERLIEBTEN FRÜHLING ERLEBEN.

MIT ALLEM DRUM UND DRAN:

- ☐ SONNE AUF DER HAUT
- ☐ IMMER NUR IN DIE AUGEN SCHAUEN
- ☐ LIMONADE IM STRASSENCAFÉ

- ☐ CABRIOFAHRT
- ☐ FRISCH GEMÄHTES GRAS
- ☐ SCHMETTERLINGE IN DER LUFT UND

☐ IM BAUCH

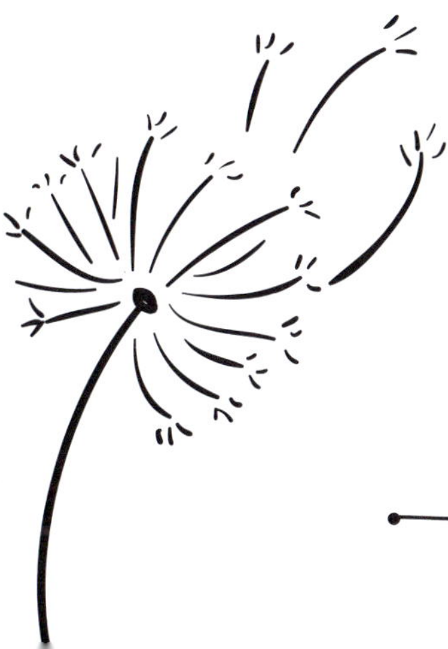

13.

☐ EINEN ZWEITEN FRÜHLING ERLEBEN.

MIT NOCH MEHR SCHMETTERLINGEN ALS DAMALS.

14.

☐ EIN SCHLAMMBAD NEHMEN.

- ☐ VOR RICHTIG GUTER KULISSE IN ISLAND
- ☐ IN DER SAUNA
- ☐ ZU HAUSE IN DER BADEWANNE (AM BESTEN ZU ZWEIT)

WER PUTZT DAS BAD?

15.

☐ EINEN BALLON MIT EURER ADRESSE DRAN STEIGEN LASSEN UND AUF ANTWORT HOFFEN.

16.

☐ MIT EINEM BALLON FLIEGEN.

NEIN, DAS KANN MAN NICHT
MIT PUNKT 15 ZUSAMMEN ERLEDIGEN!

17.

☐ ZWEI MEERSCHWEINCHEN BEIM STREITEN UND WIEDERVERTRAGEN BEOBACHTEN.

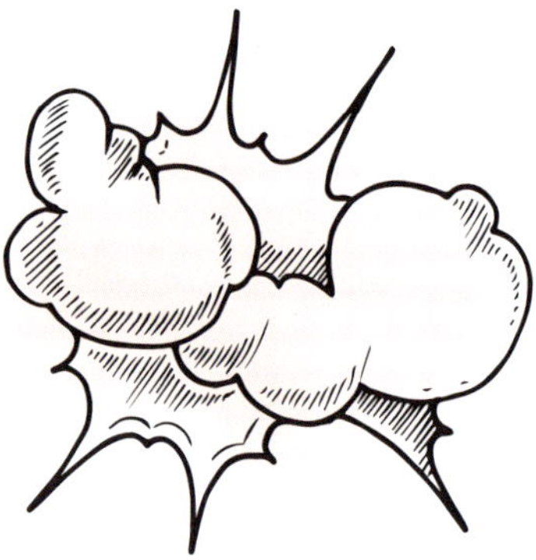

BESSER ALS DIE KANN ES KEINER.

18.

☐ ETWAS VERZEIHEN. *

* UND FÜR IMMER VERGESSEN. DARUM BRAUCHT IHR ES AUCH NICHT AUFZUSCHREIBEN.

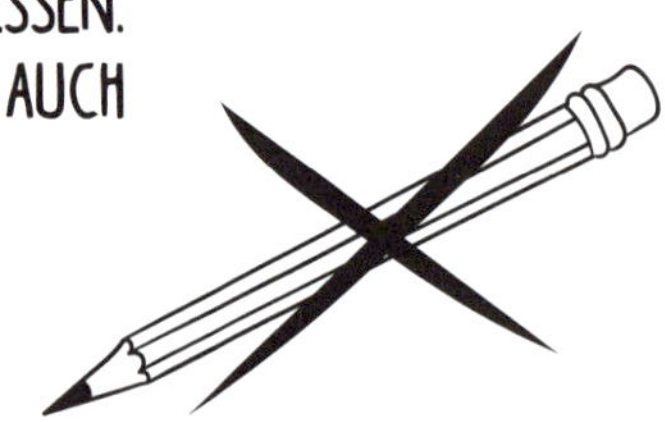

19.

- [ ] EINE NACHT ZUSAMMEN IN EINEM SCHLAFSACK VERBRINGEN.

love 20. love

- [ ] SICH TRÄNENREICH VONEINANDER VERABSCHIEDEN.

21.

☐ … UND SICH ÜBERGLÜCKLICH WIEDERTREFFEN.

UNSER SCHÖNSTES WIEDERSEHEN WAR AM: ....

SO LANGE WAREN WIR GETRENNT: ....

22.

☐ OBEN IN DER ACHTERBAHN FRAGEN: LIEBST DU MICH?

23.

☐ DARAN GEHT KEIN WEG VORBEI: EIN KUSS AUF DEM EIFFELTURM.

24.

☐ AUF EINEM SEE SCHLITTSCHUH LAUFEN UND DABEI EIN HERZ MALEN.

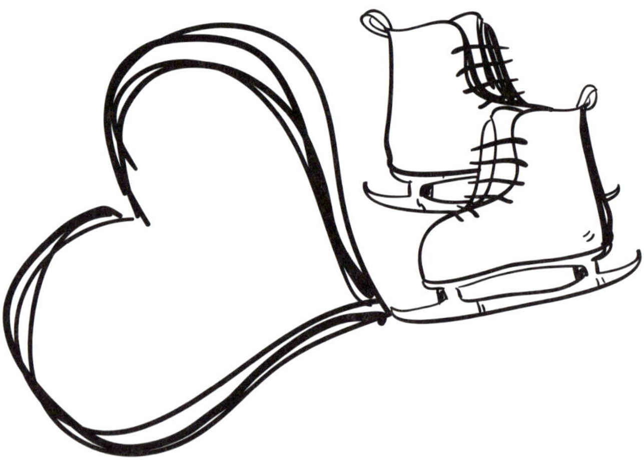

25.

- [ ] EINANDER ALLES SAGEN.

AUCH WENN DIE WORTE FEHLEN.
WER SUCHT, DER FINDET …

26.

- [ ] SICH GEGENSEITIG EINE WÄRMFLASCHE ANS BETT BRINGEN.

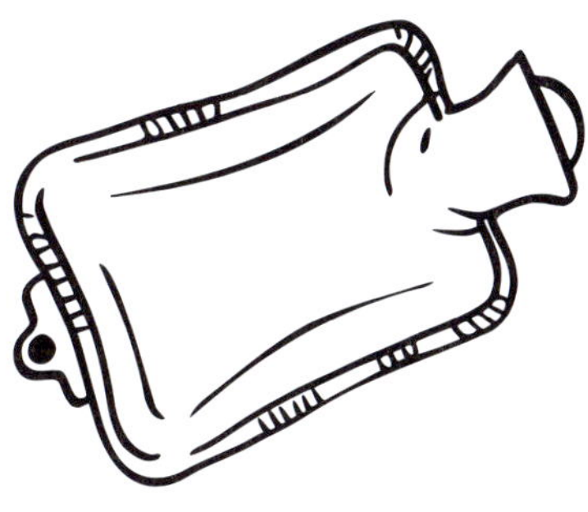

27.

- [ ] EURE NAMEN IN EINEN BAUM RITZEN.

28.

☐ ZUSAMMEN ZUR WAHRSAGERIN GEHEN.

TRAUT IHR EUCH??

29.

☐ ZUSAMMEN ZU DEN ENDEN DES REGENBOGENS LAUFEN.

30.

- [ ] EUCH GEGENSEITIG IM TESTAMENT ERWÄHNEN.

31.

- [ ] EINEN BAUM PFLANZEN ALS ZEICHEN EURER LIEBE.

32.

☐ GEMEINSAM DEN KRAWATTENKNOTEN LERNEN – ODER EINANDER BEIBRINGEN.

33.

☐ EUREN HONEYMOON WIEDERHOLEN.

UNSERE REISE GING NACH: ....

34.

☐ WEIHNACHTEN ZU ZWEIT VERBRINGEN.

☐ AUF EINEM KAMEL DURCH DIE WÜSTE REITEN.

(UND LERNEN: DURSTSTRECKEN GEHÖREN ZUM LEBEN.)

36.

☐ EIN SCHREIENDES BABY IN DEN SCHLAF WIEGEN.

ABWECHSELND.

PROBEHALBER.

37.

☐ ROTE ROSEN REGNEN LASSEN.

☐ EIN CANDLE-LIGHT-DINNER ZU HAUSE.

39.

☐ IN EINEM HOTEL MIT MEERBLICK AUFWACHEN.

40.

☐ GEMEINSAMES KATERFRÜHSTÜCK AM NEUJAHRSTAG.

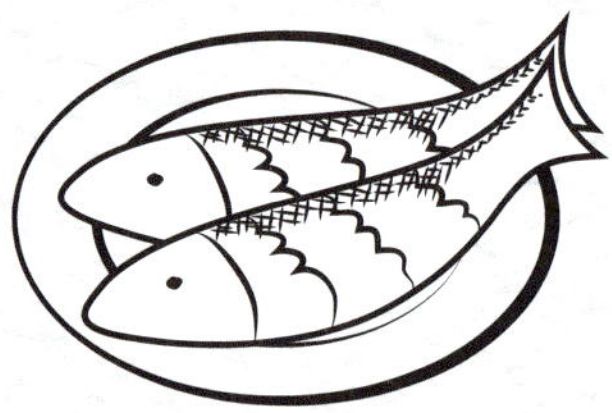

41.

☐ EINANDER KNALLERBSEN VOR DIE FÜSSE WERFEN:

EIN GANZ BESONDERER AUSDRUCK EURER LIEBE!

42.

☐ EIN SELFIE MACHEN.

43.

☐ KOSENAMEN FÜREINANDER ERFINDEN

ICH HEISSE: ....

DU HEISST: ....

☐ SICH AUF DIE GOLDENE HOCHZEIT FREUEN.

44.

UNSRE
GOLDENE HOCHZEIT
IST AM:

....

45.

☐ SICH FRAGEN, OB DAS DIE NACHTIGALL IST, DIE DA SINGT, ODER DIE LERCHE.

46.

☐ ZUSAMMEN RUDERBOOT FAHREN:

JEDER KRIEGT EIN PADDEL.

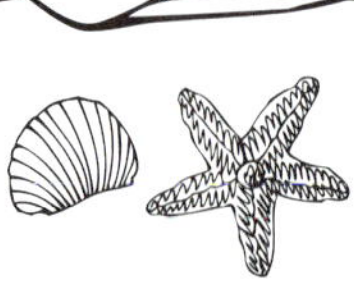

47.

- [ ] ZUSAMMEN IN DEN SONNENUNTERGANG REITEN.

48.

☐ EINANDER IN FREMDER WÄHRUNG ZUM ESSEN EINLADEN.

- ☐ PFUND
- ☐ RUBEL
- ☐ YEN
- ☐ ....

49.

☐ WELLENREITEN IN TOSENDER BRANDUNG.

love — 50. — love

☐ ZUSAMMEN EINE LAKRITZSCHNECKE ESSEN, VON BEIDEN ENDEN.

TREFFT IHR EUCH IN DER MITTE?

☐ GEMEINSAM EIN KONZERT BESUCHEN.

KLEBT HIER DIE KARTEN EIN.

☐ AUF EINEN HOHEN BERG STEIGEN:

IHR SEID DIE KÖNIGE
DER WELT!

53.

☐ STERNSCHNUPPEN FANGEN UND EINANDER SCHENKEN.

54.

☐ ZUSAMMEN WEIHNACHTSDEKO BASTELN.

HOLT EUCH DIE STERNE VOM HIMMEL.

55.

☐ BEIM EINSCHLAFEN DAS HERZ DES ANDEREN HÖREN.

56.

☐ EIN TRAUMPAAR ZUM VORBILD NEHMEN.

UNSER TRAUMPAAR: ....

57.

☐ EIN DATE VEREINBAREN UND SO TUN, ALS WÜRDET IHR EUCH ZUM ERSTEN MAL TREFFEN.

SPANNEND!

☐ EUCH GEGENSEITIG FRISIEREN:

- ☐ ZÖPFE FLECHTEN
- ☐ TOUPIEREN
- ☐ ....
- ☐ STRÄHNEN FÄRBEN

59.

☐ ETWAS FÜREINANDER TUN, WAS MAN NICHT FÜR JEDEN TUN WÜRDE.

DAS TUE ICH FÜR DICH: ....

....

UND ICH FÜR DICH: ....

....

60.

☐ ZUSAMMEN TANGO TANZEN.

61.

☐ IM KINO IN DER LETZTEN REIHE SITZEN UND KNUTSCHEN.

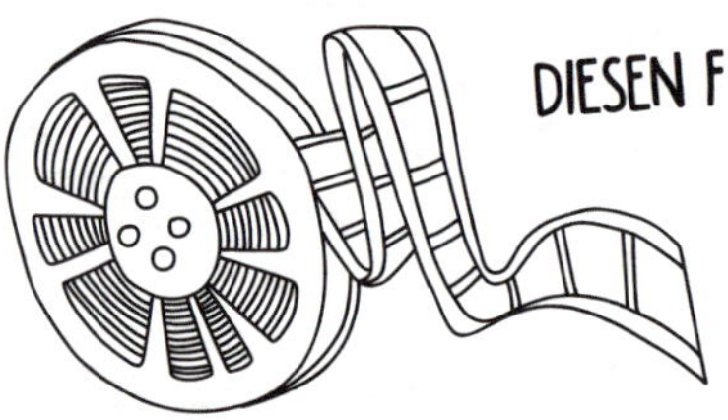

DIESEN FILM HABEN WIR VERPASST: ....

62.

☐ EINANDER AUS EUREN LIEBLINGSBÜCHERN VORLESEN.

MEIN LIEBLINGSBUCH: ....

UND DEINS: ....

63.

☐ EINEN LIEBESBRIEF IN DEN SACHEN DES ANDEREN VERSTECKEN.

☐ PLÄNE FÜR EUREN LEBENSABEND SCHMIEDEN!!

WO SEHT IHR EUCH IN

10 JAHREN ....

....

....

20 JAHREN ....

....

....

30 JAHREN? ....

....

....

65.

☐ EINE FOTOCOLLAGE VON EUCH UND EUREN SCHÖNSTEN MOMENTEN BASTELN.

66.

☐ IM MORGENGRAUEN KAFFEE ODER TEE ANS BETT BRINGEN.

67.

☐ EINANDER EIN LEBKUCHENHERZ MIT GANZ VIEL LIEBE DRAUF SCHENKEN.

68.

☐ GLEICHZEITIG AUFWACHEN – UND ZUSAMMEN WIEDER EINSCHLAFEN.

69.

☐ AM MEER MIT MUSCHELN EURE NAMEN IN DEN SAND SCHREIBEN.

70.

☐ DIE JEWEILIGEN LIEBLINGSGERICHTE FÜREINANDER KOCHEN.

71.

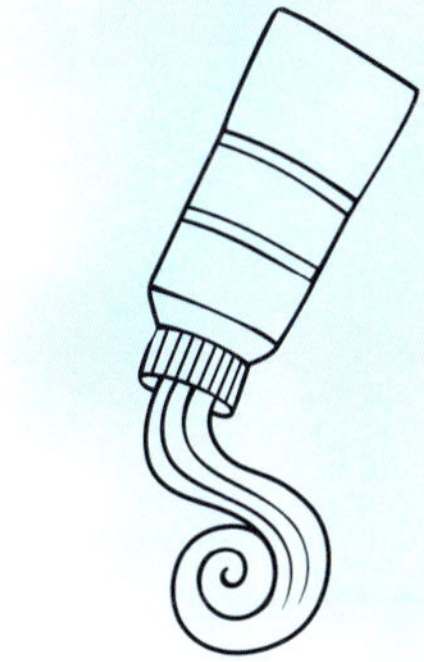

☐ EIN BILD VON EUCH MACHEN. MALT, ZEICHNET, KLEBT.

HIER IST PLATZ:

☐ NACKT IM MEER SCHWIMMEN.

AM BESTEN NACHTS.

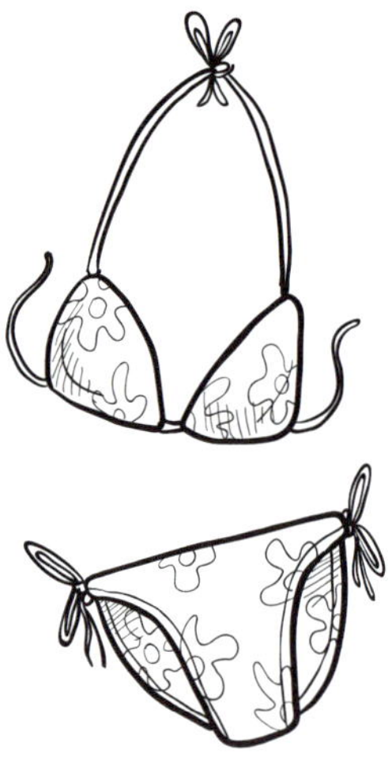

73.

☐ PARTNERMASSAGE IN EINEM LUXUSSPA GENIESSEN.

74.

☐ EINANDER EIN NÄCHTLICHES STÄNDCHEN SINGEN.

AM BESTEN MIT LAUTENBEGLEITUNG.

75.

☐ EINANDER WIE DIE ESKIMOS KÜSSEN.

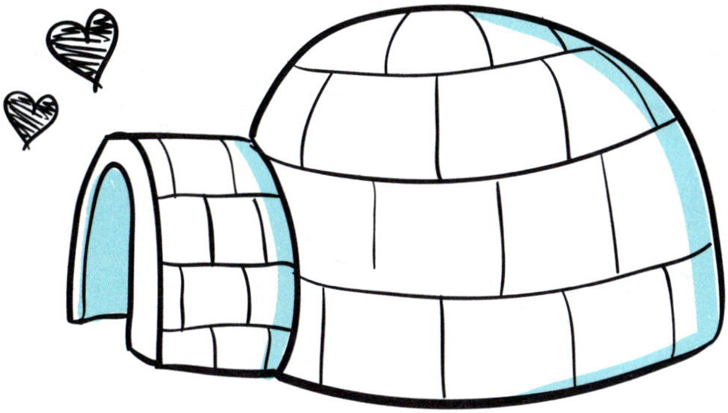

76.

☐ GEMEINSAM AUF DIE KINDER STOLZ SEIN.

ODER AUF ETWAS ANDERES, WAS IHR GEMEINSAM VOLLBRACHT HABT.

77.

☐ DAS FRÜHSTÜCKSEI EXAKT VIEREINHALB MINUTEN KOCHEN.

78.

☐ EIN ARMDRÜCKEN VERANSTALTEN:

WER IST STÄRKER?

79.

☐ ZUSAMMEN UM DIE WELT REISEN.

DIESE ORTE HABEN WIR GESEHEN:

☐ GEDICHTE PER SMS SCHICKEN.

EINEN KLEINEN AUSZUG DAVON KÖNNT IHR HIER AUFSCHREIBEN:

81.

☐ KISS! KISS! EIN BILD VON EINEM RICHTIG GUTEN KUSS MACHEN.

82.

☐ NAMEN FÜR EURE KINDER AUSDENKEN.

83.

☐ KLISCHEE HIN ODER HER: EINE GONDELFAHRT IN VENEDIG.

84.

☐ EINEN ABEND VOR EINEM KAMIN VERBRINGEN.

85.

☐ RINGE TAUSCHEN!

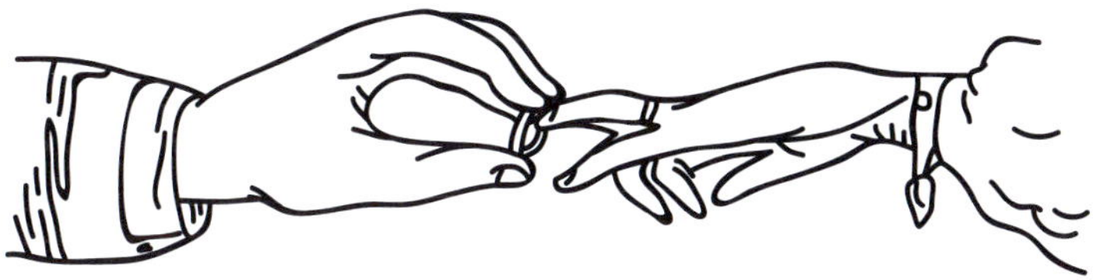

IMMER MAL WIEDER.

86.

☐ EINANDER DIE FÜSSE MASSIEREN.

87.

☐ FÜREINANDER BIS ANS ENDE DER WELT GEHEN.

ICH KAM BIS: ....

DU KAMST BIS: ....

88.

☐ NICHTS VONEINANDER ERWARTEN – UND IMMER WIEDER ÜBERRASCHT SEIN.

89.

- [ ] SPONTAN EINE REISE BUCHEN – UND MORGEN GEHT ES LOS!

90.

☐ EURE SCHWIEGER-ELTERN MÖGEN!

WER BEHAUPTET, DASS DAS NICHT GEHT???

☐ LIEBESBOTSCHAFTEN AUF DEN BESCHLAGENEN SPIEGEL MALEN.

DIE SCHÖNSTE NACHRICHT:

....

....

....

92.

- [ ] SICH AN TURTELTÄUBCHEN EIN BEISPIEL NEHMEN.

93.

☐ EUCH EURE LEBEN ERZÄHLEN – AUS DER PERSPEKTIVE DES ANDEREN.

94.

☐ EINANDER RICHTIG FEST IN DIE ARME NEHMEN.

WIEDER UND WIEDER.

UND IMMER WIEDER.

95.

☐ ZUSAMMEN SHOPPEN GEHEN.

96.

☐ EINE WAGNER-OPER BESUCHEN.

(AM BESTEN DIREKT IN BAYREUTH!)

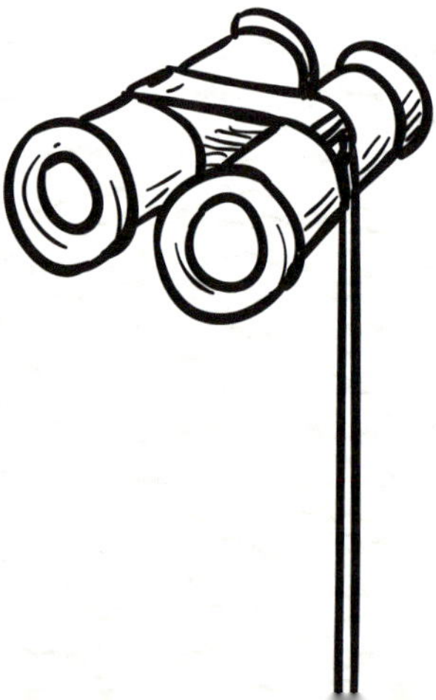

97.

☐ EINANDER BROTE FÜR DIE REISE SCHMIEREN.

98.

FASCHING FASTNACHT

☐ ZU KARNEVAL WIE ZWILLINGE ANZIEHEN.

99.

☐ EIN PAAR GRUNDLEGENDE REGELN AUFSTELLEN.

ICH MAG, WENN DU DAS TUST:

UND DAS GEHT GAR NICHT:

100.

☐ AUCH EIN PAAR AUSNAHMEN VON DIESEN REGELN ERLAUBEN.

VERSTÄNDNIS HABEN FÜR EIN PAAR SCHRULLEN GEHÖRT AUCH ZUR LIEBE.

101.

- [ ] EIN FOTO VOM ANDEREN IM PORTE-MONNAIE HABEN.

102.

☐ EIN KIND AUFWACHSEN SEHEN.

- ☐ DAS EIGENE
- ☐ EIN PATENKIND
- ☐ EIN KIND EURER WAHL

103.

☐ EIN GEMEINSAMES HOBBY FINDEN.

104.

☐ 24 STUNDEN SMARTPHONES UND COMPUTER AUSSCHALTEN UND NUR ZU ZWEIT SEIN!

105.

☐ EINANDER EIN GEHEIMNIS ANVERTRAUEN.

106.

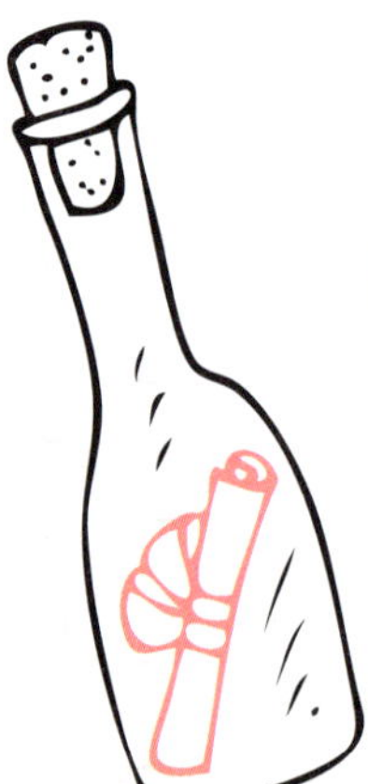

☐ EINANDER EIN PAAR GEHEIMNISSE LASSEN.

107.

☐ EIN HAUSTIER ANSCHAFFEN.

DAS IST UNSER TIER:

108.

☐ EINE WEINPROBE BESUCHEN UND EUCH EIN WENIG DABEI BETRINKEN.

☐ EUCH IN EINER MENSCHENMENGE TIEF IN DIE AUGEN SCHAUEN.

110.

☐ EINEN LIEBESBRIEF GANZ OHNE EMOTICONS SCHREIBEN.

FINDET DIE BESTEN WORTE!

111.

☐ ZUSAMMEN SPORT TREIBEN.

IHR WOLLT DOCH NOCH LANGE
ETWAS VONEINANDER HABEN.

112.

- [ ] MIT EINEM ROTEN HELIUMHERZ EINANDER AM BAHNHOF ODER FLUGHAFEN ABHOLEN.

113.

☐ EINEN COCKTAIL FÜREINANDER ERFINDEN.

SO HEISST ER:

....

UND DAS IST DRIN:

....

....

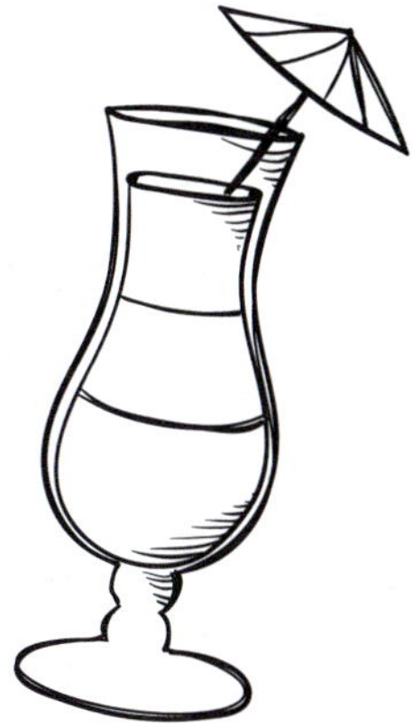

114.

☐ EINE LETZTE ZIGARETTE MITEINANDER TEILEN.

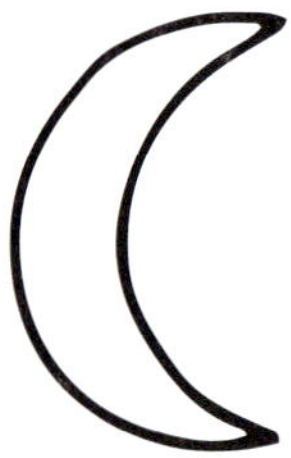

115.

☐ BEI NACHT EINEM FROSCHKONZERT ZUHÖREN.

116.

☐ EINANDER EURE KINDERFOTOS ZEIGEN.

☐ ZUSAMMEN EINEN GRUSELFILM SCHAUEN UND EUCH GEGENSEITIG DIE AUGEN ZUHALTEN.

☐ EINANDER EINEN TRAUM ERFÜLLEN.

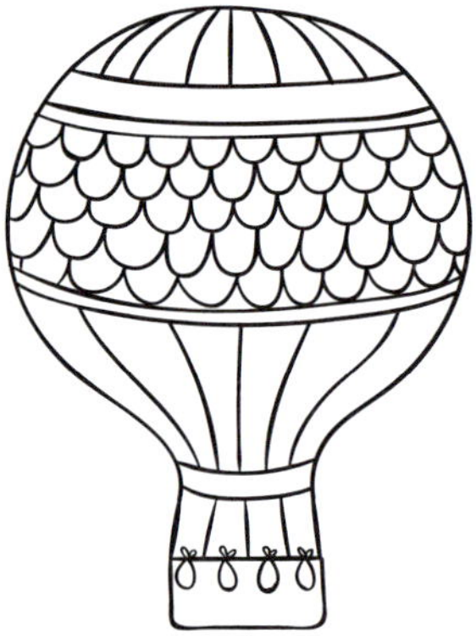

ICH WOLLTE IMMER SCHON MAL MIT DIR: ....

....

UND ICH MIT DIR: ....

....

119.

☐ EINANDER LIEBESGRÜSSE AUS MOSKAU SCHICKEN.

(FINDET EINEN WEG!)

120.

☐ EIN KUNSTWERK ANSCHAFFEN.

SO SIEHT ES (UNGEFÄHR) AUS:

121.

- [ ] ZUSAMMEN SEIFENBLASEN MACHEN.

☐ FERIEN IN EINEM INSELPARADIES.

- ☐ MALEDIVEN
- ☐ SEYCHELLEN
- ☐ MAURITIUS
- ☐ ....

123.

☐ MORGENS EURE TRÄUME ERZÄHLEN.

124.

☐ EINEN STREIT AUSHALTEN

UND WIEDER VERTRAGEN.

125.

☐ JA ZUEINANDER SAGEN.

EGAL, OB MIT ODER OHNE TRAUSCHEIN.

☐ EURE KINDHEITS-ERINNERUNGEN TEILEN.

WAS WAR ÄHNLICH?

WAS WAR GANZ ANDERS?

127.

☐ IM REGEN KÜSSEN.

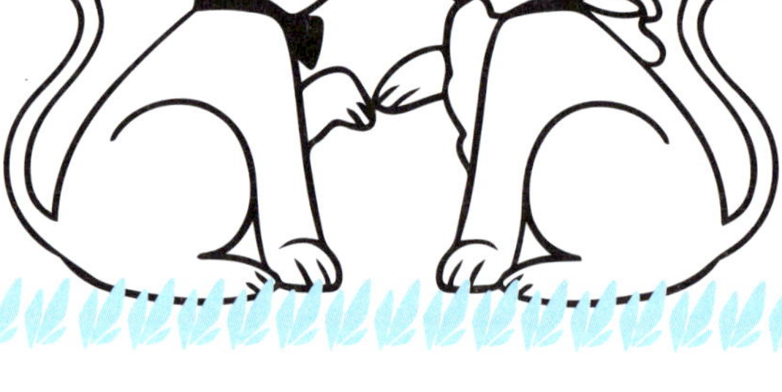

128.

☐ EUCH (REGELMÄSSIG) SAGEN, WAS IHR SCHÖN ANEINANDER FINDET.

☐ HIMBEEREIS ZUM FRÜHSTÜCK ESSEN.

☐ FÜR DEN ANDERN EIN LIED IM RADIO SPIELEN.

☐ ZU ZWEIT AUF EINEM FAHRRAD FAHREN.

132.

☐ EIN REGAL ZUSAMMEN AUFBAUEN, OHNE ZU STREITEN.

133.

☐ EUCH ZUSAMMEN FÜR EIN HILFSPROJEKT ENGAGIEREN – EHRENAMTLICH.

134.

☐ IN DEN ZOO GEHEN UND TIERPAARE ANSCHAUEN.

WELCHE TIERE SYMBOLISIEREN EURE BEZIEHUNG AM BESTEN?

☐ EINE BOX ANLEGEN FÜR EURE SCHÄTZE:

KINOKARTEN, FOTOS, GETROCKNETE ROSEN – WIRKT IN KRISENZEITEN WUNDER!

136.

☐ GEGENSEITIG DIE KOFFER FÜR EINE REISE PACKEN.

WIE GUT KENNT IHR EUCH?

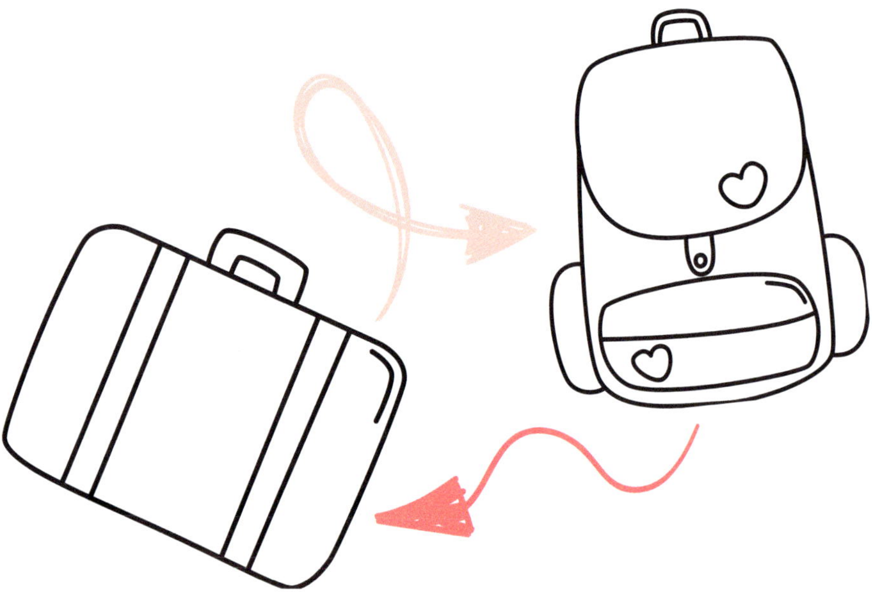

☐ ZUSAMMEN SCHNORCHELN ODER TAUCHEN.

SCHENKT EUCH EURE SCHÖNSTEN FUNDSTÜCKE.

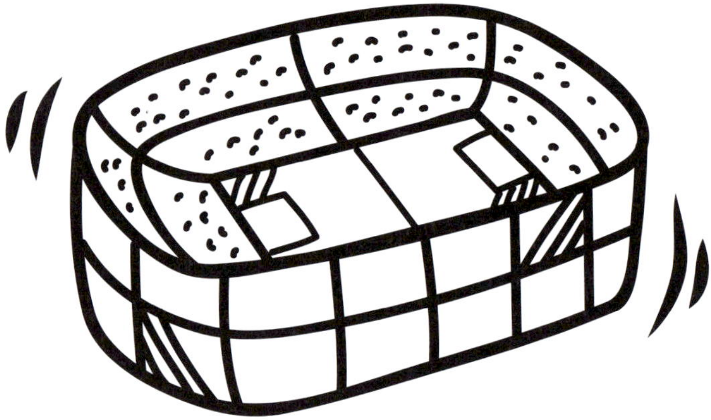

☐ ZU EINEM FUSSBALLSPIEL GEHEN, WENN EURE LIEBLINGSMANNSCHAFTEN GEGENEINANDER SPIELEN.

WER HAT GESPIELT UND WER HAT GEWONNEN?

....

....

....

139.

☐ UKULELE IM DUETT SPIELEN – AM BESTEN AUF HAWAII.

140.

☐ EINE AUGENBINDE TRAGEN UND SICH VOM ANDEREN FÜHREN LASSEN.

WIE SEHR KÖNNT IHR EUCH DEM/ DER ANDEREN ÜBERLASSEN?

141.

☐ EINANDER ÜBER DIE SCHWELLE TRAGEN.

IHR WOHNT NICHT ZUSAMMEN? EGAL!

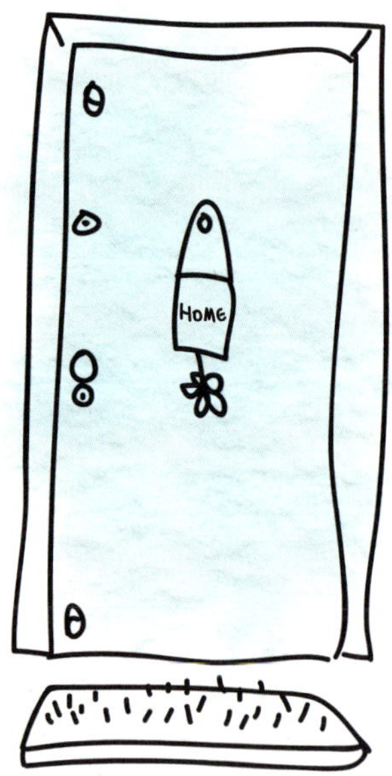

☐ EINE GANZE KUSCHELROCK-PLAYLIST DURCHKUSCHELN.

EURE BESTEN KUSCHELLIEDER:

....

....

....

....

☐ RIESENRAD FAHREN.

144.

☐ ZWEI GEGEN DEN REST DER WELT SEIN.

145.

☐ DAS SPARSCHWEIN SCHLACHTEN FÜR EINEN BESONDEREN WUNSCH DES/DER ANDEREN.

146.

☐ EIN HOCHZEITSRITUAL IN EINEM FREMDEN LAND ERLEBEN.

☐ HÜHNERGÖTTER SUCHEN AM OSTSEESTRAND.

148.

☐ HÜHNERSUPPE KOCHEN, WENN DER/DIE ANDERE KRANK IST.

149.

☐ EINANDER NUR DAS BESTE WÜNSCHEN.

AUCH WENN ES MAL STREIT GIBT.

150.

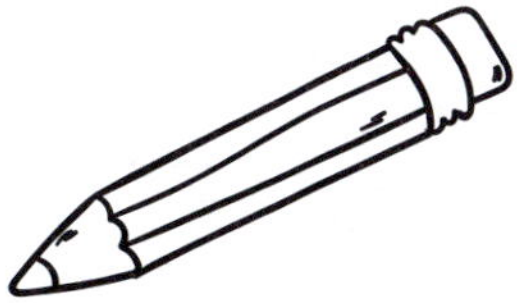

☐ DEN LETZTEN PUNKT ABHAKEN …

… UND EURE GANZ EIGENE BUCKET LIST BEGINNEN.

UNSERE BUCKET LIST

- [ ] ____________________
- [ ] ____________________
- [ ] ____________________
- [ ] ____________________
- [ ] ____________________
- [ ] ____________________

FÜR
SONJA & MATTHIAS
4. AUGUST

Über die Autorin:

Iris Warkus hat während ihres Literaturstudiums viele Bücher gelesen und ihr halbes Berufsleben mit Büchern verbracht. Fast logisch, dass sie eines Tages mit dem Schreiben eigener Bücher begann. Auf privaten Reisen und bei der Arbeit hat sie einige entlegene Winkel der Welt gesehen, diverse Einsichten gewonnen und auch schon ein paar Bucket-Punkte abgehakt.

Bildnachweis:

Fotolia.com:
© alex_cardo (Illustrationen: 17.; Pfeil: 124.; Wolke: 127.); © balabolka (Illustrationen: 65., 71.; Stifte: 103.); © darina13 (Herz: S. 1, 7., 12., 32., 103.; Pfeile: 7., 27., 103., 120., 128., 131.; Umschlag: 63.; Hund: 88.; Fahrrad: 103.; Fotoapparat: 103.; Ilustrationen: 110.; Schlüssel: 135.; Wimpel: 146.); © Diana Vyshniakova (Pfeile: S. 2, S. 3, 58., S. 126, S. 127; Vögel: S. 2, 56.; Ring: S. 3; Illustrationen: 57.; Karte: 63.; Bordüre: 80., 135.; Herz: 142.; Note: 142.); © drawlab19 (Food: 97.); © fafarumba (Illustrationen: 139.); © helen_f (Illustrationen: 16., 33., 61., 70., 104.); © jiris (Tanzpaar: 60.); © jivopira (Pyramiden: 35.; Illustrationen: 79., 87.; Flugzeug, Koffer: 89.; Zug: 112.; Palme, Brille, Flipflops: 122.; Schlafbrille: 140.); © Jürgen Fälchle (Papierhintergrund); © KatyaKatya (Rahmen: 3., 17., 40., 69., 104., 115.); © Ladychelyabinsk (Illustrationen: 58.; Spiegel: 91.); © lumencre (Klecks: 7., 11., 17., 30., 32., 39., 45., 57., 58., 61., 68., 71., 72., 93., 110., 112., 124., 133., 137., 141.); © maria_galybina (Bordüre/Rahmen: 14., 20., 32., 50., 67., 142.; Schmuckelement: S. 128); © Marina Zlochin (Sonne: 43.; Tiere: 107., 123.; Mond: 123.); © mhatzapa (Illustrationen: 138.); © natashapankina (Illustrationen: 30., 99., 100.); © Neyro (Feuer: 84.); © notkoo2008 (Messer: 97.); © Oksana Stepova (Wald: 7.; Berge: 52.; Sternenhimmel: 115.); © ONYXprj (Illustrationen: 31.); © pakpong pongatichat (Illustrationen: 126.); © raven (Moskau: 119.); © red_spruce (Wärmflasche: 26.); © saint_antonio (Illustrationen: 23., 38.; Auto: 118.); © undrey (Aquarellfleck: 2., 12., 14., 35., 46., 74., 91., 97., 108.); © veekicl (Sonne: 2.; Eis: 2.; Illustrationen: 3.); © yokunen (Tasche: 95.).

Designed by Freepik:
Illustrationen: 4., 5., 6., 9., 10., 12., 13., 14., 15., 18., 19., 20., 21., 25., 27., 28., 29., 34., 36., 37., 40., 41., 42., 45., 47., 48., 49., 50., 51., 53., 54., 55., 59., 62., 64., 66., 67., 68., 69., 72., 73., 74., 75., 76., 81., 82., 83., 85., 86., 92., 94., 96., 98., 101., 102., 109., 111., 113., 116., 117., 121., 125., 128., 129., 130., 131., 132., 133., 134., 136., 137., 141., 143., 144., 145., 147., 148., 149., 150.
Achterbahn: 22.; Ballon: 118.; Blume: S. 1; Boot auf Wasser: 39.; Bordüre: S. 2; S. 3, 25., 26., 30., 39., 52., 60., 63., 65., 66., 77., 78., 88., 93., 94., 99., 100., 107., 112., 119., 123., 127., 138., 139., S. 126, S. 127; Doodle: 60., 91., 97., 108., 119.; Ei, Löffel: 77.; Feder: 63.; Fotorahmen: S. 3, 107., 146.; Frosch: 115.; Gitarre: 142.; Herz: S. 2, S. 3, 32., 63., 80., 84., 91., 105., 106., 112., 115., 119., 120., S. 126, S. 127; Herzrahmen: 1., 90.; Kamel: 35.; Katzen: 127.; Linien: 58.; Pfeil: S. 3, 23., 100.; Pizza: 11.; Rahmen: 22., 56., 97., 140.; Schild: 112.; Schlittschuhe: 24.; Schneeflocken: 24.; Sonne: 35., 46.; Tape: 79., 84., 114., 120., 135.; Trauben: 108.; Truhe: 135.
© 0melapics (Bordüre: 90., 148., 149., S. 128); © Angbay (Teller: 8.); © Dooder (Wolke: 22., 89.; Arm: 78.); © Lapetiteprune (Staffelei: 120.); © lesyaskripak (Bordüre: 64., 91., 113., 133., 134., 146.; Wellen: 122.); © macrovector (Sanduhr: 77.; Handy: 80.; Schloss: 105.; Flasche: 106., 108.; Käse: 108.; Glas: 108.); © Natalka_dmitrova (Illustrationen: 114.); © nenilkime (Boot, Wasser, Muschel, Seestern: 46.); © Olga_spb (Bordüre: 1., 105., 106., 129.; Rahmen: 6., 16., 29., 37., 45., 53., 74., 84., 89., 101., 124., 150.); © renata.s (Herz: 24.); © rocketpixel (Illustrationen: 93.; Kreuz: 104.); © Timmdesign (Hotel: 39.).